사립문을 열다

박달하 시인은 2018년 계간 ≪리토피아≫로 등단했으며, 막비시동인으로 활동 중이다.
e메일 : 3709park@naver.com

리토피아포에지 · 81
사립문을 열다

인쇄 2018. 12. 25 발행 2018. 12. 30
지은이 박달하 펴낸이 정기옥
펴낸곳 리토피아
출판등록 2006. 6. 15. 제2006-12호
주소 22162 인천 남구 경인로 77(숭의3동 120-1)
전화 032-883-5356 전송032-891-5356
홈페이지 www.litopia21.com 전자우편 litopia@hanmail.net

ISBN-978-89-6412-105-4 03810

값 10,000원

이 도서의 국립중앙도서관 출판예정도서목록(CIP)은 서지정보유통지원시스템 홈페이지(http://seoji.nl.go.kr)와 국가자료종합목록시스템(http://www.nl.go.kr/kolisnet)에서 이용하실 수 있습니다. (CIP제어번호 : CIP2018041230)

박달하 시집

사립문을 열다

리토피아
LITERATURE & UTOPIA

시인의 말

볕 좋은 한낮 지난 기억을 멍석 위에 쏟아낸다.
긴 잠에서 깨어난 콩들이 통통 뛰며 마당을 누빈다.
묵혀둔 마음들을 툴툴 털며 햇살에 태운다.
온몸이 타는 줄도 몰랐던 날들을 멍석 위에 펼친다.
콩깍지에 씌어 지내온 날들을 털어낸다.

2018년 가을
박달하

차례

제1부

제2부

제3부

제4부

| 제1부 |

백천교의 달

물가에 무수한 물푸레나무 위로 달빛이 내려와 꽃을 피웠네.
여름을 녹였던 별들은 유유한 흐름 속에 휘감기며 걸어가고,
휘파람 부는 백천교 말라가는 풀들 사이로 바람이 지나가면,
유년의 콧물이 묻어있는 방천둑에 달그림자 흔들리며 걸어오네.
둑가에 걸터앉은 돌 틈으로 반딧불이 반짝이다가 사라지면,
다리 밑 도란도란 이끼 낀 돌들은 아이들 웃음소리 기다리고,
도시에서 달려온 피곤한 달빛이 백천교 밑에서 막춤을 추네.
술 마시고 백천교 건너다 동네총각 달빛 속으로 뛰어드네.

파도와 그림자

해변의 골목마다 햇빛이 찍은 발자국을 썰물이 훔쳐간다.
경계가 무너진 바다는 무거운 파도에 푸른 멍이 들어가고,
노을이 잡아채는 수평선은 어둠의 나락에서 허우적거린다.
목젖을 차고나오는 해풍이 지친 바위를 조각조각 흩트리고,
해변을 야금야금 파먹던 조약돌들 모래밭에서 졸고 있는데,
숨찬 파도의 꼬리가 그림자 꼬리 물고 길게 드러눕고 있네.

기억의 텃밭

잡초들이 만세 부르는 밭고랑 사이로 깻잎 향기 진동한다.
향기는 햇살을 유혹하고 꽃을 피우며 가을풍로를 돌린다.
잠자리 물고 오는 바람에 깨알 씨앗들이 세상으로 터지고,
땅속에 숨어 자던 기억들의 속내가 깨꽃으로 태어난다.
포개고 뒤집어 올린 고랑마다 새로 자란 잎들이 웃는다.
깨소금맛 밭고랑에 파르르 떨리는 손이 온종일 바쁘다.
깨알이 통통 뛰어다니는 가을, 햇살도 통통 튀어다닌다.

꽃을 훔치는 벌

마실 나온 벌들이 이 꽃 저 꽃 돌며 코를 킁킁거린다.
꽃들은 머리카락 넘기며 심장을 열어 박동을 키운다.
들숨 날숨 바쁜 걸음이 하늘을 나르며 엉덩이 흔든다.
벌들은 장전한 총을 연신 발사하며 꽃술을 휘날린다.
여름 앞집 가을문이 열리고 벌과 꽃이 입을 맞춘다
독백은 꿀집을 짓고 유희에 빠진 벌은 해지는 줄 모른다.
욕심 없는 날갯짓은 구름 타래 물어와 골방에 숨기고,
꽃들의 입술 훔쳐와 꿀방에 숨기는 벌이 향기에 취한다.

잎 사이에 끼워두다

뙤약볕에 몸살하는 나뭇잎이 실핏줄 보이도록 기침을 한다.
질펀한 여름이 닫혀진 창문을 향해 두 팔을 흔들어댄다.
혹독함을 견디는 것은 나를 더 강렬하게 물들인다는 것이다.
그림붓을 든 가벼운 구름이 햇살 물고 징검다리를 건넌다.
물이 든 새들이 오선지를 그리며 스타카토를 연주한다.
오른발 딛고 왼발 다시 오는 사이 여름이 해독제를 마신다.
밤안개의 눈물로 이슬이 된 지난날을 잎 사이에 끼워둔다.
푸른 파도를 탄 구름 사이로 보름달이 두둥실 떠오른다.

세월 · 2

당신이 내게 올 땐 함성과 함께 나를 보쌈 하더니만,

기척도 없어, 눈 크게 뜨고 바라보지 않으면 알 수도 없어,

모래알이 되어버린 이야기들은 그렇게 떠나고 말았어.

흔적도 없어, 나 쓸려버리고, 너 떠난 자리도 찾을 수 없어.

질주

하늘로 치솟는 파도는 투명한 빛깔로 조각조각 흩어진다.
가늠할 수 없는 굉음과 함께 반란을 꿈꾸며 하늘로 솟지만,
자석처럼 당기는 바다의 포옹으로 몸을 다시 낮추고 말아.
결국 안으로 고요를 묶어들이고 평화 속으로 안주하네.
거센 파도도 결국에는 잔잔한 물살로 드러눕기 마련이지.
묵언 수행하며 움켜쥔 기다림이야말로 다행 중 다행이야.

비의 지조

마음을 편집하지 못하는 비가 수직의 길을 달려간다.
정직한 구심점을 향하는 마음을 더는 잡을 수가 없다.
가끔 다리를 부러뜨리는 바람의 방해를 받기도 하고,
곁눈질 하며 유혹하는 나무가지에서 잠시 쉬기도 한다.
또르르, 어머니 가슴 파고들 듯 안겨 들어가기도 한다.
홍수를 버티며 둑을 지키는 마음들 찾아 무작정 달려간다.

풍경이 있는 역

시가 튀어오르는 바다로 출사 갔던 역장이 시 한 편 물어왔다.
스크린을 물들인 깨알 글씨가 야외극장 무대에 오른다.
모래알 씹듯 입맛을 잃은 여자가 시를 씹어먹는 소리 들린다.
정차한 전동차 안에서 빵을 찾는 사람들이 눈동자를 굴리고,
위장이 울렁거리도록 계단을 쿵쿵거리며 하이힐이 뛰어온다.
여자를 뒤로 기차는 떠나고 시 한 편 맛있는 냄새를 풍긴다.
바다를 거슬러 구름 타고 내려온 시가 마른 목을 적셔준다.

파도에 끌려오는 일몰

바위 등짝마다 햇빛, 발자국마다 썰물이 흔적을 훔쳐간다.
무너진 모래길 골목은 무거운 파도에 잿빛 멍이 들어간다.
노을이 잡아채는 수평선은 갯벌에 발 담근 채 허우적거리고,
목청 돋우는 해풍이 지친 바위를 부셔 조각조각 흩어놓는다
해변을 야금야금 파먹던 조약돌들이 모래밭에서 웅성거리면,
숨찬 파도가 노을의 꼬리를 물고 다급하게 밀려와 부서진다

여름의 끝

햇살이 웅크린 하늘에 가을이 구름 사이로 고개를 내민다.
오금을 톡, 쏘아대는 바람이 창문을 열어주며 풀들을 깨운다.
밤사이 비가 쏟아낸 눈물을 닦아줄 구름손수건 가지고 왔다.
촉촉한 나무 발가락 사이로 입 벌린 밤톨이 비집고 들어오면,
한쪽 눈 감고 렌즈에 담아온 풍경이 잘린 아쉬움을 토해낸다.
두 눈 뜨고 다촛점렌즈를 장만해야할 가을이 잎새를 흔든다.
꽉 찬 듯 혹은 텅 빈 듯 귓가를 흔드는 바람소리를 따라가면,
너는 그렇게 떠나는데 언덕의 푸른 기운만 고요히 박혀든다.

심심한 오후 밤톨을 만나다

늦은 해거름 산길을 걸어가는 바람이 눈도장을 찍고 있네.
추억이 물드는 길가에 속부터 차오른 밤톨이 입을 굴리며,
속내를 꽁꽁 닫아두고 영글어간 기억들을 풀어놓고 있네.

살을 태우던 지난여름 곰삭은 흔적이 하늘 아래 앉아있네.
질긴 독기 채운 눈물도 제 살 영그는 노동으로 가난했지.
고요가 환한 달그림자를 맞이하려고 가슴을 풀어 헤치네.

들길을 걸으며

채송화 머리 위 볼 비비던 잠자리 날개 접고 졸고 있네.
허리 휜 노목 어깨 위에 올라앉은 새들이 날개 쉬고 있네.
바람이 비밀스러운 소문들을 가지 위에 걸어두고 가면,
숨어있던 이슬은 혼자의 시간에 기대어 우주를 읽고 있네.

아직도 파도는

바다에서 솟아난 돌들이 파도의 옷자락을 잡고 떠있다.
낡은 어선은 바다에 빠져 출렁이는 파도의 심장을 헤집는다.
속살 드러낸 바다는 엉켜있는 지난날들을 싹둑 잘라내고,
물길을 봉합한 바다는 햇살이 만드는 물꽃을 가득 띄운다.
아직 지난 기억을 미처 지우지 못한 파도가 홀로 떠있고,
저녁 해변 길모퉁이에 어둠에 붙들린 이끼가 피어 있다.

한낮의 치맛자락

태양이 용광로에 시간의 관절을 달구어 한낮을 재생한다.
재생된 열기를 바람에 버무려 노을빛 산마루에 걸어둔다.
산이 한낮의 살점을 따 걸어둔 나무들 사이로 분꽃이 피고,
구름은 기억의 보풀 날리며 늙은 태양의 꼬리를 건드린다.
한낮의 치맛자락이 모퉁이 돌아갈 때 도토리 툭, 떨어지면,

노을이 오방색 보자기에 여름을 동여매고 먼 산을 넘어간다.

아버지의 가슴

노쇠한 나무가 남은 물기를 말리기 위해 바람을 기다린다.
해 드는 쪽으로 얼굴 돌리고 주름살의 무게를 저울질 한다.
거북 등판이 문을 열어주면 자식들 보금자리가 거기 있다.

새는 나무들의 심장을 콕콕 쪼으며 새아침을 기다린다.
뱀이 숨어들어 잠을 잔 나무의 속은 동굴이 되어있고,
겁에 질린 청설모가 다시 뛰어드니 세상은 안락하다.

옆집 여자

한 번도 생채기 난 일이 없는 달을 보는 게 위로라 했지.
정해진 틀에서 반항하지 않는 달이 자기를 닮았다고 했지.
감정의 태두리가 너무 선명하여 벗어날 수 없다고 했지.

어느 날 그 여자 그런 달이 이젠 지루해졌다고 하더라.
용광로처럼 하늘에 버티고 선 해가 좋아졌다고 하더라.
열정과 자유를 탐닉하면서 해처럼 살고 싶다고 하더라.

그러나 알았대, 해도 구름 안에 갇힐 수 있다는 것을.
해도 구름 안에 갇히면 비가 되고 눈이 된다는 것을.
구름에 갇히는 해는 뭐야, 정말 보고 싶지 않다고 하더라.

욕심

서울에 가면 서울에 살고 싶고
시골에 가면 시골에 살고 싶다.

둘로 나눌 수 없는 육신을 매달고
시간은 과녁을 향해 질주하는데,

그 동안 무엇을 찾아 해맨 건지
희망의 소리인지 욕망의 소리인지,

구르는 낙엽에 묻은 먼지가 되어
가벼운 몸을 누일 수밖에 없는,

질서를 거부하고 싶은 마음인가
버리자 버리자 깡그리 버려보자.

비, 숨기다

고집 센 비가 나무의 기억을 슬금슬금 갉아먹는다.
기댈 곳 없는 새들이 나무의 품속으로 파고 든다.

나무의 깊은 자리 파들어가는 새들의 몸이 뜨겁다.
낡은 흑백사진을 젖은 나뭇잎에 끼워두지 못했다.

비는 나무의 생채기를 부드러운 손으로 어루만지며
머물다간 자리에 은하의 화석을 심어두고 싶어 한다.

헤진 자리 물기 마른 자리 햇살까지 거두어 모아
천년 비밀 채워줄 돌항아리 깊숙이깊숙이 숨겨둔다.

작별

꽃들은 어머니 가슴에 안겨 있다가
세상 밖으로 활짝 피는 것이지만,

작별은 어찌 할 거나.
꽃숲에 젖는 눈물 새벽마다 강이 된다.

| 제2부 |

오래된 집

뜨락에 텃밭 하나 두었더니 감자꽃이 한 고랑 피었다.
텃밭 너머 닭장 수탉들이 울더니 해가 먼저 일어난다.
장미는 담장 휘어 감으며 새로운 불씨를 살리고 있다.

뻗어가는 가시발톱 치켜세우며 사립문을 지키고 있고,
고추가 말라가는 하늘엔 잠자리들이 포물선을 그린다.
대청마루에 걸터앉은 남자는 낮술을 마셔 코가 빨갛다.

해가 산그늘의 먹이가 되면 그 자리엔 달이 뜰 것이다.
댓돌에는 낡은 고무신 두어 켤레가 누워 있을 것이다.
한밤 꿈속 사립문을 열고 들어서는 내가 있을 것이다.

자두의 여정

이파리 도르르 말아 속살 채워주는
부지런한 군상들의 꿈을 믿지.
어둠을 기다린 새가 마침내 물어오는
먼 나라 이야기 바구니를 열지.
수다가 바람과 손뼉을 치며
노래하는 아침이 하루를 깨우지.
다닥다닥 붙은 잎새 사이로 비집고 들어와
화롯불 지피는 햇살에 어머니가 살지.
이름조차 어설픈 풀잎들이
꿀 같은 이슬들을 포옹하지.
풋내 나는 마음으로 나서기 부끄러워
이파리에 몸을 숨기는 설익은 자태.
호위무사들의 응원에 뺨을 태우는
초경이 마침내 시작되지.

태양을 부술만 한 열정의 신호탄에
구름들이 너나없이 치어리더로 나서네.
자두의 여정에 그 여자 숨어 있다는 것을
진즉에 누가 알았을까.

산 감성

나누고 싶은 감정 주체할 수 없어 산을 부른다.
귀를 당기며 꼬리치는 유혹에 운동화를 신는다.
산은 천 개의 얼굴로 만 가지의 표정을 짓는다.
눈으로 훔치며 귓가를 울리는 감성이 대문을 연다.
그가 내어준 길에는 그가 만든 향수가 뿌려져 있다.
나도 자연스럽게 집을 나서며 숲의 감성을 스캔한다.
벌거벗은 빈자리마다 빽빽해지도록 나무를 심는다.

남자의 고향

강의 깊이를 자로 재는 건 아슬한 징검다리 건너는 일이야.
산맥을 호령하던 바위가 부러져 물살에 안겨 돌아왔네.
당당한 자존심이 새털 같은 물살에 저당 잡히고 말았네.

키만 한 수심水心에 수심愁心을 내려놓고 온몸을 씻네.
권태로운 바위가 콧등을 쓰다듬으며 햇살을 말리고 있네.
시냇가에 누워 구름다리 마주하면 어머니 문득 오시네.

말말말

허공을 배회하는 먼지 같은 말들을 족집게로 잡아낸다.
흐르는 맑은 물에 헤적헤적 흔들어 물기를 꼭 짜낸다.
탈탈 털어 별이 빛나는 허공에 펼쳐 널어 바싹 말린다.

산골짜기 척박한 너덜바위 말들이 쟁반처럼 하얗게 핀다.
왕성하게 번식하며 따가운 아카시아 잔등을 두드린다.
꿀물 뚝뚝 떨어지는 말들이 끈적하게 입술에 달라붙는다.

참새들이 물어오는 말들은 물레에 감아 돌돌 말아두고,
막 구워낸 말은 도마 위에 올려놓고 토막 치듯 칼질한다.
옆집 총각의 구렁이처럼 담을 넘어오는 말을 기다린다.

흐린 기억

아버지의 노래는
장미를 유혹하는 한여름밤의 소나기 니나노다.
어머니의 노래는
하늘 너머 샛별 띄우는 모진 세월 묵은 장맛이다.

아버지의 소주는
비릿한 황금냄새에 중독된 삼거리 주막집 꽃뱀이다.
어머니의 소주는
거꾸로 선 먹구름 흔들어대는 지아비의 전당포다.

아버지의 지게는
등짐이 무거워 동구 밖에 던져버린 정자나무다.
어머니의 가마솥은
참아온 눈물을 닦아주는 젖은 행주치마이다.

내소사의 봄

천년고찰 내소사 대웅보전 꽃살문이 아침을 연다.
해바라기, 연꽃, 국화가 술렁이며 햇빛을 토해낸다.
천 년 빗물을 들이마시던 나무에도 천년꽃이 핀다.
우르르 돌담 돌아가던 꽃비가 둥글게 모여 앉는다.
보살님의 간절한 기도가 화사한 연등으로 피었다.
시련은 천 년을 피고지다가 부처님 발끝에서 꽃이 된다.
여백이 없는 퇴색한 단청에도 봄은 바구니로 쏟아진다.

나무의 집

독사는 새끼들을 위해 토담 밑으로 깊은 구멍을 뚫는다.
고목의 뿌리도 오늘을 예비해 대지 깊숙이 자리 잡았다.
구멍마다 뿌리마다 찬란한 별들이 숨죽이며 박혀 있다.
가슴 깊숙이 담아둔 한숨은 천둥 속 휘파람으로 내지른다.

딱따구리는 소리를 조절하며 나무의 등허리를 다독인다.
근육질 팔다리 휘저으며 바람과 싸우다가 타협하곤 한다.
빗물이 줄기를 타고 내려와 노크하면 뼛속까지 젖는다.
몸살은 끝내 터지고 신음은 터져 자유로운 핏줄을 만든다.

새벽길

미처 혈관이 터지지 않은 햇살이 느린 걸음으로 떠난다.
어두운 늪 속에서 이슬은 둑을 허물고 풀등에 앉아있다.
꽃을 피우기 위한 안간힘이 영롱한 빛으로 잎에 묻는다.
어둠이 훔쳐간 날개들을 강인한 풀숲에 숨겨두는 것이다.

어둠을 뚫고 내려온 물방울과 동행한 나비가 춤을 춘다.
강아지풀 길다란 꽃에 걸터앉아 빛나는 노래가 영롱하다.
기억의 한 페이지를 물고 밤길 더듬는 심장이 두근거린다.
새로운 시작에 이끌려 진동하는 풀들이 파르르 떨고 있다.

죽도시장

새벽이 토하는 붉은 바다가 몸을 일으키며 기지개를 켠다.
유영하던 바람이 밤잠 설친 눈을 비비며 어시장을 누빈다.
바다가 비릿한 냄새 뿌리면 정체불명의 심장이 출렁댄다.
붉게 타오르는 해는 고래등을 타고 오는 만선의 깃발이다.

요란한 흥정소리에 가판대에 누운 물고기들이 경직된다.
미끈한 고등어 비늘에 먹구름이 몰려왔다가 사라진다.
어디로 다시 떠나나, 충혈된 눈동자가 내내 닫히지 않는다.
자유가 바닷속에서 끌려나와 발효된 파란 질곡에 묶인다.

숲 · 1

이른아침 새들이 부르는 노래가 통통통 공굴리기를 한다.
파닥거리는 물고기 은빛 비늘이 하늘에 둥둥둥 떠있다.
밤새 해학이 난무했던 이름 모를 벌레들은 아우성이다
풍선이 된 감성지수가 터지기 직전 출발선을 밟고 있다.
어두운 숲에서 포옹하며 포만했던 잎새에 미소가 핀다.
사랑의 언어가 날아다니는 숲의 진동이 발가락을 편다.
일제히 일어나는 미세한 떨림은 지나간 사랑의 추억이다.

피식 웃으며 하늘 한 번 보고 고개 숙여 숲의 여유를 훔친다.

숲 · 2

불인지 얼음인지 모를 흔적들이 있어
늘 곁에 있어도 까마득히 잊고 삽니다.

별이 빛나는 밤 다시 보니 아니더라.
바람도 있고 별도 있고 달도 있더라.

민들레꽃

노란 민들레꽃이 키 작은 초록 풀숲에 우뚝 서 있다.
하늘을 배경 삼아 벌들도 아랑곳없이 몸짓을 날린다.
밤새 강렬한 어둠의 눈에 매료되어 가슴을 파버렸다.
그동안의 껍질들 온전히 벗고 당당한 알몸이 되었다.
온몸을 적시는 비의 무게에 마른 몸을 떨기도 하고,
노오란 꿈을 꾸며 먼 나라 이야기 물어오기도 하며,
노랑나비 품에 안겨 훨훨 떠나버리자 궁금한 꽃대는
허리도 굽히지 못하고 허허로운 벌판에 서서 묻는다.
군데군데 각질이 피고 듬성듬성 머리가 빠진 얼굴로.

비 오는 날

하늘이 육중한 문을 열자 빗줄기가 비명을 지른다.
묵힌 날들을 거침없이 쏟아내는 발걸음이 바쁘다.
열광하는 초록 군상들이 피를 흘리며 주저앉는다.
온종일 빗속을 배회하던 나비가 젖은 날개를 턴다.

이제 안경을 벗어도 좋다는 시그널이 종소리가 된다.

오월의 숲

숲은 숱한 갈래길을 모아 집을 짓는다.
저마다 어떤 집을 만드는지 알 수 없고,
저마다 언제까지 살 집인지 알 수 없다.
견고한 얼굴과 몸들이 그 속에 들어앉아
수줍은 얼굴들 영근 얼굴들이 편안하다.
근심도 뿌리로 가고 슬픔도 뿌리로 가고,
숲은 오월에 이르러 천지에 가득 빛난다.

물안개

아스라한 그를 찾아가는 길은 언제나 무참한 시행착오다.
나룻배에 몸을 싣고 호수를 건너는 마음이 만우절이다.
무리 지어 떠다니는 뒷모습만 바라보다가 한숨짓는다.
구름이 잠자는 틈에 해가 집을 나와 별나라를 기웃거린다.
이슬이 된 별을 머금고 두둥실 떠다니는 그의 습관,
어느새 숨어버리고 빛나는 청춘이 새가 되어 날아간다.
온 하늘에 길을 내고 철없는 방랑의 시간을 유희한다.
사랑놀음에 익숙해버린 고집이 먼발치에서 지켜본다.

애당초 보이지 않았으니 나는 가지도 않았다고 강변한다.

꽃은 무효다

꽃을 지키지 못한 밤의 경비대가
수갑을 던지고 영등할매를 따라나선다.
번개에 몸을 싣고 달아난 꽃잎들에
남겨둔 이파리만 빈자리를 채운다.
그늘진 나무의 어두운 등을 파고드는
이끼가 같이 놀자고 다가온다.
심심한 벌들이 쏘아올린 꽃구름이
시시때때로 변검술을 공연한다.
새의 군무가 펼쳐지는 하늘의 끝은
어디에 있느냐 나무가 중얼거린다.
꽃이 왔다가 가는 길은 언제나 흙이라고
흙 속의 나무가 대답한다.
구름술래가 뭉게구름 뒤에 양털구름,
뒤에 새털구름을 숨긴다.

끝이 없는 하늘이 묻는다.

꽃은 어디로 가고 이파리만 있느냐.

절반의 시간

막걸리 두어 잔 마시고 반죽을 끝낸 밀가루가 기다린다.
오븐에 구워져 볼이 터지는 향기에 취한 코가 벌렁거린다.
하루의 중간에 선 태양은 구름을 잡고 시간을 묶어두었다.
시간을 훔쳐 먹던 시침은 분침을 끌어안고 오수를 즐긴다.
해바라기 얼굴을 돌려버린 정오가 토담벽에 장승이 된다.
홀어머니의 이야기꾼인 고서가 대청마루에 가득하다.
시간을 반으로 접을 줄 아는 우체부가 적막을 발길질한다.
퀵서비스로 배달된 동력이 시침 분침의 작별에 끼어든다.

마음일 뿐

갓 지은 쌀밥을 호호 불어가며 먹어도 그다지 맛이 없다.
젓가락 집어들고 시큼한 김치보자기에 만감을 싸먹는다.
밥과 김치가 얼싸안은 맛이 쌀밥의 심심한 맛을 토닥인다.
끈적한 미련들이 위장을 흔들며 마음의 빗장을 열어준다.

조각조각 흩어진 마음을 불러모아 연신 박음질해 본다.
길모퉁이에 서있는 마음도 호수에 빠진 마음도 거두고,
안개 속 마음도 신작로에 선 마음도 거두어 박음질한다.
밥도 아니고 술은 정말 아니고 마음은 마음일 뿐이다.

머리카락 푸는 바람

봄꽃 버선 신고 먼길 떠났던 바람이 문살을 흔든다.
문풍지를 두드리며 꽃물 담은 보자기를 풀어놓는다.
낮달 사이 제 색깔 태우며 오색으로 배시시 웃는다.
야생의 여정을 걸어온 바람이 싣고 온 진한 골수다.
자유스러운 일생들이 천지 들쑤시며 연신 흔들린다.
한사코 안기는 그대 내밀한 품에 가두어두고 싶다.
방탄조끼 입은 나무 주머니 속에 봄이 잠들어 있다.

| 제3부 |

여유 · 1

살아가는 일은 가지치기의 연속이다.
잔잔한 가지들은 과감하게 절단하고,
때로는 큰 나무도 덥석 베어버리고,
견고한 뿌리 지탱하며 흔들리지 않도록
창공을 향하는 중심에 소박한 물을 붓는다.

여유 · 2

내가 보고 싶은 것은 꽃의 속삭임이구나.
내가 듣고 싶은 것은 새들의 노래이구나.
내가 느끼고 싶은 것은 바람의 속삭임이구나.
눈을 크게 뜨고 귓불을 당겨 세우고
가슴을 열어젖히니 비로소 보이는구나.
나를 행복하게 하는 언어들이 지천이네.
내 마음 당신을 향하여 바다를 안는다.

여유 · 3

호르는 날들에 끌려가며 사는 것도 아깝고,
대자연의 선물을 무심히 지나치기도 아깝네.

알고 보면 받으려고만 했던 마음 때문에
원망도 생겼고 근심도 생겼고 슬픔도 생겼네.

나이를 먹고 나니 절절하여 오히려 행복하네.
너른 신작로 좁은 황토길 어느 길인들 어떠랴.

역행

정신은 늘 진수성찬이다.
다 먹지도 못하는 상을 차려놓고
꾸역꾸역 먹고는 포만감에 배가 부르다.
뜸뜸해진 정신, 명료하지 못한 정신은,
늘 이것저것 반찬을 탐닉하며 날을 보낸다.
빈약해지는 몸의 상태를 잊은 채로.

자아 자, 몸의 소리를 들어보자.
사방으로 난 갈래길이 있는데
갈 곳은 오직 한 길이다.
몸은 한 길의 선택만을 허용한다.
몸이 듣는 봄의 소리를 듣기로 하자.
몸이 가는 봄의 길을 사랑하기로 하자.

낙엽

저마다 초록 단장 한창이다가
제 갈 길 가지 못하고 떨어진 이파리들.
부비며 다가오는 바람의 속삭임에
서걱이며 깨어나는 소리도 메마르다.
거친 눈바람 고스란히 마주하며
탈진한 노구의 신음이 들리는 듯하다.

민들레꽃이 떠난 자리

빛나는 태양에 터진 열정
비집고 올라선 황금꽃들은 어디로 갔을까.

받치고 선 허리는 굽힐 줄 모르는데
인고의 날들은 기억 안에 생생한데,

피고 지는 질서를 통해 꽃도
뒤집고 뒤집히는 리듬을 타고 있다.

황금꽃들은 어디로 갔을까?
남아있는 씨방만 혼절해 있다.

앙상한 뼈마디만 허공을 유영한다.
허기진 마음 담을 길 없어 흩어지고 있다.

금빛 사랑 내려놓자
겨울산도 내공을 위해 옷을 벗는다.

어머니의 봄

팔순노모가 호미로 고랑을 판다.
땅콩도 한 고랑, 감자도 한 고랑,
콩, 파, 시금치, 무, 잡다한 듯하지만
씨앗들은 저마다의 역할이 분명하다.

이불을 덮듯 다독거리며 흙을 덮는다.
어머니 허리도 아프고 다리도 아프지만
어머니 마음에 봄은 자식들이다.

가꾸는 것들을 버릴 수 없는 것은
살아있는 것이기 때문이라고,
어머니 봄이면 마냥 행복하다.
밭고랑 호미 잡은 손이 뜨겁다.

친정엄마

어제도 거기 있었고 오늘도 거기 있다.
내일도 거기 있는 줄 안다, 나무처럼.

생채기 내지 않으면 늘 그 자리
도란도란 햇빛과 눈 마주한다, 나무는.

쇠약해지는 정신과 육체 살뜰히 챙겨도 주고,
예쁜 얼굴 보여도 주고, 사랑한다 말도 해주고,

때로 먹먹해지는 마음 한 자락에 융단을 깐다.
다리 아픈 엄마 내 곁으로 와, 나랑 밥 먹을까.

아들

너는 너 자신의 틀에서 뛰어보려고 하겠지.
부모가 안겨준 영향은 너무 미세한 것이어서
어디로 뛰어야 하는지 확신이 없기도 하겠지.
어찌 할 수 없어 잠 못 이루기도 하겠지.
그런 네 마음 함께 나누고 싶은 것이 에미다.
애초에 한 몸 떼어놓은 네 안부가 궁금하여
오늘밤도 너처럼 뒤척이며 긴 밤을 지샌다.

봄에, 세월에

봄이 온다고 그저 오는 것이겠는가.
세월이 간다고 그저 가는 것이겠는가.

빛나는 봄은 경건히 받아 드려야 예의이고,
가는 세월에도 빛나는 별을 달아주어야지.

숲의 소리

목청껏 부르는 노래이고 떠나기 서러워 우는 소리다.
산야의 정적을 깨는 숲의 초침 소리가 귓볼을 당긴다.
나는 늘 숙제를 푸는 호기심으로 소리에 반응한다.
하지만 다만 나의 감정 따위로 해답을 쓴 적은 없다.

별을 만드는 남자

망치 들고 송곳 들고
별이 허물어지는 소주병에 구멍을 만든다.
삐걱거리는 은하를 가르고
구멍 난 소주병 속에서 별을 건진다.
별을 만드는 그는
무수한 계단 오르락내리락하느라 배가 고프다.
북극성을 등대 삼아 다급히 온다는
그가 먼저 달그림자를 보냈다.
곧 별나라 이야기
호주머니에 가득 담고 초인종을 누를 것이다.

사립문을 열다

오래된 집에 오래 된 사람이 달무리와 놀고 있다.
심심한 한낮에 비의 연주를 기다리며 하늘을 본다.
연지곤지 찍고 족두리 쓰고 마당 들어선 지 백년,

사립문 밖에 불을 지핀 짚단이 연기를 풀어놓는다.
액운이 사라진다는 전설에 기대어 불을 밟으며
넘어선 마당에 오래된 감나무가 집을 지킨다.

몸집을 키운 감이파리 두둑 떨어져 온 마당에
사물놀이 상쇠가 추임새 넣는 듯 이파리 뒹군다.
싸리빗자루 쓰는 소리가 문풍지를 두드린다.

서까래의 살점이 떨어져 나가고 흙을 빗어
만든 집이 마음 빗어 만든 자식을 기다린다.

대청마루 사이로 백년의 이야기가 갈라진다.

꼬리를 물고 천천히 불꽃으로 피어오른다.
뜰에 심은 오가비나무 둥치가 자식을 잉태하고,
들마루에 기대어 선 지팡이가 신랑을 기다린다.

햇빛을 따라가면

군데군데 실핏줄을 세운 바람이 쓴 모래알을 씹는다.
피로가 목구멍에 걸려 침과 함께 넘어가다가 걸린다.
뼈마디를 드러내며 구멍 난 가슴속에 사막이 흐르며,
오래된 나무에 집짓던 열정이 순식간에 살이 빠진다.

나무에 매달린 링거 사이로 벌레들이 미끄럼을 탄다.
욕망의 잔가지를 주워내며 그림자가 희망을 쏟아낸다.
통속스럽지 않게 미련스럽지 않게 슬쩍 구겨 넣으며,
햇빛 끝을 따라가다 보면 혼자 서있는 가을을 만난다.

세월

중년의 소나무를 얼싸안으니 포근하다.
볼을 비비면 순한 세월이 다가온다.
게딱지처럼 혹은 검버섯처럼 옷이 까맣다.
옹기종기 붙어서 뼈 속 칼바람을 막아준다.

나무는 발가벗은 몸뚱아리로도 흔들림이 없구나.
햇살과 바람과 비바람을 벗하며 서있는
나무와 마주하는 것만으로 이토록 편안할 수 없다.

살아온 날들의 무게가 온몸에 실려있나 보다.
더 이상의 근심 버리고 행복의 크기도 반 토막으로 자르며
솔잎향기 품어내는 지난날의 무게를 마음으로 들어본다.

도시의 밤

조각조각 부서진 달덩이를 따다가 조명등에 집어넣는다.
별의 심장 도려내 뿌려놓은 거리가 네온싸인으로 빛난다.
음영이 사라진 회색빛 빌딩 사이로 빛이 갈 길을 재촉한다.
수조 안을 뛰쳐나온 물고기 등을 타고 개들이 유영한다.
거품을 묻힌 도시의 몸부림이 밤이 부서지도록 춤을 춘다.
민낯의 얼굴들이 눈동자를 비비면서 브라보를 외친다.
천상의 얼굴들과 마주한 포옹이 밤의 축제를 노래한다.

비 오는 날

검정고무신 신고 바짓가랭이 휘저으며 들길을 걷고 싶다.
조각난 가슴을 휘적여 흔들어대는 비의 무게를 가늠한다.
실오라기도 버거운 비의 투명한 눈 속에 빠지고 싶은 날이다.
술 한 잔 걸쳐마신 후 흔들흔들 씻어주고 싶은 날이다.

뽀얀 뜨물 속에 쌀알 같은 말들을 숨겨둔다.
거침없는 빗물에 범벅이 된 마음을 던져본다.
셋방살이 거미집이라도 소나기를 피한다 하니
마음의 빈 공간에 안전한 거미집 하나 짓는다.

내 어머니

별을 심다가 별에게 오히려 결박당한 어머니가 아프다.
팔다리에 파고 든 별들을 뼈 속에 심은 채 누워 있다.
꺼져가는 가랑비의 힘으로 시계의 초침을 붙잡고 있다.
지구 반 바퀴를 돌아오는 대륙의 딸을 기다리고 있다.
딸들의 슬픔이 천장을 뚫을 때쯤 세상을 뜨신 어머니.

멸치대가리 까며 똥을 빼내시던 당신은 방망이 들고 애꿎은 명태 대가리를 패시다가 제비집에 그 멸치대가리를 올려주시곤 했다. 간간히 소낙비 내리면 가슴을 풀어헤치고, 달 속 토끼집 지어놓고 새끼들을 기다리시던 당신, 이제 바다 같은 하늘 훨훨 나르신다.

바다 · 1

수평선 토막 난 가슴 속에 세상이 있다.
가슴 아래 시퍼런 물막이를 쳐놓고는 볼 수 없는 세계다.

비밀의 방에 천만 년을 담아둔 채 몸살 하다가,
이 아침 이글거리는 불꽃으로 피어오른다.

바다 · 2

코발트빛일까, 하늘빛일까,
깊이에 따라 시간에 따라 다를 것인데
가지고픈 빛깔이 많아 파도 속에서 산다.

| 제4부 |

덩굴장미

담장에 기대어 여린 가지를 늘린다.
천둥소리에 놀란 두어 가지가 엉킨다.
소낙비 생채기 난 가지에 가시가 돋는다.
몰랐다, 생명을 지키기 위한 몸부림이
가시 사이로 숨어 피어 꽃이 되었네.

숲

숲은 아무 것이나 밀어내지 않는다.
숲을 하루종일 선선한 용서를 내보낸다.
노여움도 단숨에 날릴 힘을 내보낸다.
서로서로 사는 길을 가고 있을 뿐이지만
때문에는 없는 것임을 일깨워준다.

바다

먼 내리막길에 펼쳐진 바다는
하늘과의 경계를 지운다.
거대한 동그라미 안 저마다의 일상이
수평선을 향해 느린 걸음으로 걸어들어 간다.

바람

서러워 마라.
거친 울음 빌려 서러움 토하는 이유 있지만,
바람은 바람이려니 했다.
세월은 강약을 통하여 위로한다.
젊은 날은 스스로 뜨거운 바람이지만
거친 바람소리 모두 사실은 벗이었다.

사랑이라는

근육을 비틀어 바람 부는 쪽으로 팔 펴고 긴 숨을 뱉는다.
제 몸에 바람 새겨 넣어야 적막을 피할 수 있기 때문이다.
뼈마디로 다독여 들어오는 바람의 귓속말에 몸을 맡긴다.

견딘다는 것은 떠나는 계절의 잔상들을 보내는 일이다.
꽃이 떠나는 길목에 서서 푸른 손수건을 흔드는 일이다
입술이 부르튼 꽃대가 파르르 떨리는 가슴을 잡는 일이다.

남장사의 아침

맑은 물에 씻어 걸어둔 구름 아래 빛바랜 그림이 걸려있다. 아침을 깨우는 풍경소리가 이슬을 물고 꽃잎을 유혹한다. 먼 길 마중 갔던 하얀 꽃들이 부처님 모시고 때맞추어 함께 왔다. 밤새 나를 기다린 불두화는 법당을 지키는 수문장이다. 절 마당을 가득 채운 연등이 근심을 털어내며 흔들린다. 이름들이 깃발 흔들며 하늘 향해 사모곡을 부른다. 산만한 길 돌아나온 꿀벌들이 산사의 쉼터에서 불심을 불러 모은다. 달려온 바람의 꼬리는 우주 안에 기대어 묵은 날들을 풀어놓는다. 절간을 지키던 강아지가 꼬리 흔들며 툇마루에 걸터앉은 햇살을 희롱하고, 마당을 채우는 보살들의 기도소리가 종소리에 끌려 산사의 침묵 속으로 숨는다. 소리 없이 열어준 불두화의 아침은 오월의 빛 천지이다.

봄비

하늘 끝에 매달린 구름이 가지를 펼치며 기지개를 편다. 구름을 뚫은 비가 심심한 풀잎들의 가슴으로 파고든다. 빗방울 리듬이 솔잎을 타고 춤을 추며 송홧가루를 턴다.

양철지붕 빗소리가 한 편의 영화처럼 지나간다. 비와 손잡고 찾아온 새 한 마리가 온몸 적신 날개를 털고 있다. 풀잎들이 빈집에 낸 창문을 두드리며 푸른 볼을 내민다.

양철지붕 아래 오케스트라를 들으며 물받이가 매달려 있다. 제 몸 패이는 줄도 모르고 댓돌 같은 사람도 앉아있다. 길 떠났던 기억이 모퉁이 돌아 봄비 속에 보쌈을 당한다.

다시올 민들레꽃

해지는 들녘에 노란 등대가 노을을 불러들인다.
노을을 등에 태워 풀꽃의 세상으로 나들이 간다.
새들의 마른 입 적셔주며 풀잎 사이를 유영한다.

마른 머리 휘날리며 뼈마디만 앙상한 꽃대가 운다.
백발의 씨앗들이 서로를 부비며 낙하산을 띄운다.
살점이 떨어지는 아픈 상처를 나비가 위로해 준다.

목뼈 단단한 꽃대는 도도한 몸가짐을 버리지 않는다.
달빛 부서지는 몸을 밝히며 이슬로 뿌리를 안아준다.
흔들리는 몸짓은 제 울음, 돌아올 날들의 기약이다.

오월이 피다

장미꽃 수만 송이 불타는 가슴을 풀어헤친다. 마당에는 수국 다발이 풀어지며 출렁거린다. 고사리 바람에 뽕나무 이파리는 피리소리를 낸다. 이파리들 소꿉장난 하다가 풀벌레 자장가를 부른다. 명치 끝 꽃의 불덩어리가 하늘에서 춤을 춘다. 부드럽게 휘어진 손가락들이 오소소 소리를 낸다.

오월이 평상 아버지와 무릎을 맞대고 어머니처럼 웃는다. 숨겨두었던 연초록 불씨가 초록구름으로 뭉실거린다. 민들레 씨방들은 뼈마디 꺾으며 꽃 병정들의 영접을 받는다. 사랑방에 몸 누이고 잇몸 한껏 벌린 채 안도하며 웃는다. 제비꽃 붓꽃은 실타래 풀어가며 뜨개질이 한창이다. 납작 엎드린 족두리풀 느린 걸음으로 배부른 자유를 즐긴다. 이들의 날개에 봇짐을 메고 에덴동산이 나들이 왔다.

쉼터

산마루에 걸터앉은 구름 한 점 떠다가
네거리에 걸어두고 싶다.
호당 백만 원 오십호 대작 해바라기를
사랑한 고호의 영혼이다.
구름 열차에 몸을 실으면
청계천 물바람이 편안한 호흡을 한다.
눈치 없이 싸움 하던 청둥오리가
시시때때로 입을 맞추고,
고개를 빼고 서 있던 두루미가
수면에 가슴 깔고 오수를 즐긴다.
엉덩이 흔들며 먹이를 나르던 개미들도
가던 길 멈추고 쉰다.
빌딩 사이로 푸른 바람 불어오면
도시의 그림자는 숨어버린다.

저 멀리 구름길 밟으며
성큼 걸어오는 오빠의 발걸음이 웃는다.

지나간다

조롱조롱 얼굴 내미는 꽃 무게에 허리가 휘어진다.
휘어지는 조팝나무 사이로 소리 없이 기차가 지나간다.
길섶에 삐죽 고개를 내민 물오리나무 툭 치고 간다.
브레이크 없는 바닷길 따라 미끄러지며 지나간다.
열어둔 하늘 구름각시 내려오더니 소나기가 지나간다.
푸른 숨을 내뿜어대는 사월의 청춘이 지나간다.
앞자리 노부부가 이야기꽃을 피운다.
뒷머리가 희끗희끗해진 세월을 이야기한다.

깃발을 든 역무원이 손을 흔들며 멀어진다.

숲속의 빈 의자

졸음을 털어낸 햇살이 빛나는 꼬리를 물고 몰려온다.
로뎅이 붓을 타고 시시때때 마실 나오는 사랑방이다.
풀들의 무릎에서 파닥거리던 벌레들도 잠속으로 빠져든다.
숨죽인 바람이 뜨거운 입김 불어 에덴동산을 풀어놓는다.
표정이 살아있는 숲속의 유혹이 가득한 의자를 제공한다.
뒤틀린 참나무가 기대어 자신의 역사를 말해주고 있다.
하얀 숄을 두른 어머니가 부서지는 햇살 되어 웃는다.

봄이 오는 길

바람에 펄럭이는 치맛자락 붙잡아 본 적 있나요.
작열하는 항아리에 물 가득 채워본 적 있나요.
한밤 허공에 떠다니는 꽃비를 본 적 있나요.
허공을 휘감는 꽃들의 춤사위가 시작되네요.
이제야 미련함이 사라집니다, 봄이 왔거든요.
떨리는 몸 서로 기대어 개나리 노랗게 피었거든요.
목마른 진달래꽃 변변한 드레스도 입지 못했으나
볼연지 예쁘게 찍고 수줍어하며 기다리거든요.

톳

매끄러운 바위 위에 도란도란 살던 고향집 떠나왔다.
짭조롬한 약술도 마시고 흐느적거리며 긴장도 풀었겠지.
자유로운 영혼 혼절시키고 온몸이 시커먼 채 돌아온 톳,
온몸이 멍이 들자 괭이갈매기 다가와 입술을 비빈다.
한가한 상념에 발붙이지 못한 생이 밥상 위에 올랐다.
시꺼멓게 멍든 마음이 시커멓게 타들어간 톳을 먹는다.

자은도의 소금산

탈출 시도하며 귀퉁이 부수려는 몸부림이 멍든지 오래다.
포기한 물결은 댄스 삼매경에 빠져 땀으로 범벅이다.
햇살 바구니로 쏟아지며 무대가 있는 산수화가 다가온다.
갈매기 한 쌍 날갯짓 분주한 물바람 일으키며 장단 맞춘다.

태양의 구애에 물비늘 몸부림이 소금밭을 태운다.
해풍의 광기에 지나가는 소녀 치맛자락이 펄렁거린다.
애증의 화살이 쏟아지고 감동한 물이 결정체가 되었다.
바닷물 먹은 몸이 조각조각 흩어져 반짝이는 별이 되었다.

부서지는 목련화

달빛을 타고 강을 건너는 천사가 담장을 넘는다.
가시에 찔릴까봐 달님이 밤별의 조도를 높이고,
실버들은 다가와 콧잔등 두드리며 손을 잡는다.
버들벚꽃 달라붙어 친구하자 은근하게 꼬드긴다.
가랑비 슬며시 내려와 갈증 난 마음을 적셔준다.
잠들지 않은 담장 밖 두 팔 벌려 나서본다.
한여름 천둥소리 느닷없는 소낙비 몰려오자,
목련화 흐드러진 몸뚱아리 갈기갈기 찢어진다.

인능산 자락

구부정한 황토길로 봄이 걸어온다.
차가운 바람은 아직 떠나지 않았지만
비틀린 나무에도 미소가 보이는 봄이다.

닫았던 속내를 조금씩 풀어낸다.
가난한 나무에 진달래꽃빛 볼연지를 찍는다.
노랑머리 보글파마 친구는 아직도 수줍다.

걸터앉아 봄을 먹으니 입안에 향기 가득하다.
착한 햇살이 내려 안기는 진달래꽃을 포옹한다.
가슴에 솟는 봄의 심지에 다시 불을 붙인다.

단속 중

속도위반 경고등이 깜박인다.
미처 보지 못한 빨간 승용차 지나간다.
차선을 변경하며 버스가 추월한다.
까만 승용차 한 대 허둥댄다.
추월선 주행선 포장도로에 선명하다.
추월은 싫어, 속도위반도 싫어,
주행선 지키며 속도 유지하며
갈 바를 모르는 나를 지켜주세요.

붉은 바다

세상의 모든 들숨을 먹어치우고 물든 내장을 밀어낸다.
한시절 도란거리며 포만하던 출렁임이 하늘을 문지른다,
바다에 누운 옛날이 뒤집어지며 물결 위로 파문이 된다.

소용돌이를 고루 품은 바다는 물구나무를 얼마나 서야
온전히 평정된 가슴 빛나는 얼굴로 맑은 미소를 지을까
동쪽바다를 연모하여 뱃머리 돌리며 긴 그림자를 남긴다.

|해설|

시간을 질주하는 사물의 언어
—박달하 시세계

손현숙 | 시인

우리는 모두 시간의 여행자들이다. 그 말은 즉, 우주의 만물은 시간의 통치 속에 살고 있다는 것이다. 시간은 크게 두 가지의 형태로 나눌 수 있는데, 하나는 세속의 시간이고 또 다른 하나는 거룩한 시간을 뜻한다. 여기서 거룩한 시간의 의미는 원초적 시간이거나 혹은 인간의 힘으로는 알 수도 닿을 수도 없는 불가사의한 찰나를 의미한다. 이렇게 이야기를 하다보면 결국 세속의 시간이란 역사적 시간과 인과의 관계를 맺게 되는데, 박달하 시인(이하 박달하)의 시 속에 나타나는 시간의 개념은 관계를 넘어선 무위한 것들을 자연스럽게 거느린다. 이번 시집 속에 유난히 많이 등장하는 꽃, 달, 별, 비, 물, 바람, 나무, 햇살들은 모두 허공의 주인공들처럼 소식을 하나씩 갖고 있다. 그 소식 속에는 인연을 바탕으로 한 시간의 이미지가 언어로 자리매김을 한다. 기억을 매개하는 저 무위한 자연들 속에서 박달하는 시간을 질주하기도 하고 때로는 영혼에 멍이 들어 고요한 슬픔 속으로 침잠하기도 한다. 소리가 들리는 소식 속에서는 바닷가 해변과 파도와 수평선이 나타나고, 그 기억의 편린들 속에서 푸르거나 잿빛 멍이 들기도 한다. 그렇게 세속의 시간을 질주하면서 지친 육신은 빛깔도 소리도 냄새도 없는 '공空'의 세계를 찾아 몸을 낮추기도 한다. 그 절대적 가치 속에는 인생놀이를 뒤로하는 절대성이 존재하기도 한다. 여기까지 쓰면서 필자의 심상에 얼핏 스친 생각은 그는 혹은 그녀는(필자는 박달하 시인을 단 한 번도 만난 적이 없다) 언어 혹은 시에 대하여 무슨 생각을 하고 있는 것일까, 이다. 아마도 시인은 언어만이 세상을 바꿀 수 있는 유일한 패러다임이라고 굳게 믿고 있는 모양이다. 그러나 견자의 시선을 줄곧 유지하는 박달하의 시편들은 조금은 관조적인 듯하다. 과감하게 시 속으로 뛰어들지 않는 화자의 포즈 속에는 아마도 시간을 오래 유영했던 현전하는 모습들이 언어를 간섭을 했을 가능성이 크다. 그럼에도 불구하고 박달하의 시편들은 아름답다. 인간을 구원하고 위로해 주는 저 무위한 것들과의 조우는 박달하의 시편 여러 곳에서 빛을 발한다. 여기에서는 시간을 질주하는 사물의 소식들에 관심을 기울였던 시편들을 '시간'과 '멍'과 '윤회'로 나누어서 살펴보기로 한다.

시간

태양이 용광로에 시간의 관절을 달구어 한낮을 재생한다.
재생된 열기를 바람에 버무려 노을빛 산마루에 걸어둔다.
산이 한낮의 살점을 따 걸어둔 나무들 사이로 분꽃이 피고,
구름은 기억의 보풀 날리며 늙은 태양의 꼬리를 건드린다.
한낮의 치맛자락이 모퉁이 돌아갈 때 도토리 툭, 떨어지면,

노을이 오방색 보자기에 여름을 동여매고 먼 산을 넘어간다.

—「한낮의 치맛자락」 전문

우주의 생성은 어디서부터 시작이 된 것일까. 하나의 인류가 눈 한 번 감으면 우주는 삽시간 사라지고, 다시 눈을 뜨면 우주는 감쪽같이 재생이 된다. 그렇다면 우주는 몸의 안쪽에 존재하는 것일까, 바깥쪽에 거하는 것일까. 위의 시에서 화자는 우주를 몸의 안쪽에 거하는 하나의 사물로 치환을 한다. 사실 우주의 개념은 시간으로 환산이 불가한 절대의 공간개념이다. 그럼에도 불구하고 화자는 "태양이 용광로에 시간의 관절을 달구어"처럼 한낮이 재생되는 순간을 시간으로 의인화 한다. 여기에서 주목해야 하는 부분은 "시간의 관절"이다. 화자가 인식하는 시간의 개념은 관절의 마디처럼 부분부분으로 꺾이거나 분절 될 수 있는 수식의 단위로 인식을 한다. 그렇게 바라본 우주 속의 태양은 결국 무엇인가를 재생산 할 수 있는 도구로 사용이 된다. 그것을 화자는 "재생된 열기를 바람에 버무려 노을빛 산마루에 걸어"두었을 때 지상에는 "분꽃이 피고" 구름이 생겨나고 그 속에서 다시 시간이 재생되면서 계절이 지나가는 소리를 "도토리 툭,"으로 환기시킨다. 이렇게 절대적 시선 속에서 빚어진 이 세상의 모습은 화자의 입을 빌어 "노을이 오방색 보자기에 여름을 동여매고 먼 산을 넘어간다."로 오고 가는 자연의 모든 순환을 한낮의 치맛자락 흔들리는 일상의 행위로 치환 발화한다.

하늘로 치솟는 파도는 투명한 빛깔로 조각조각 흩어진다.
가늠할 수 없는 굉음과 함께 반란을 꿈꾸며 하늘로 솟지만,
자석처럼 당기는 바다의 포옹으로 몸을 다시 낮추고 말아.
결국 안으로 고요를 묶어들이고 평화 속으로 안주하네.
거센 파도도 결국에는 잔잔한 물살로 드러눕기 마련이지.
묵언 수행하며 움켜쥔 기다림이야말로 다행 중 다행이야.

—「질주」 전문

박달하의 시편들 중에 종종 등장하는 파도의 이미지는 알수없는 두려움이거나 혹은 반란을 꿈꾸는 기재로 표출된다. 반면에 그 파도를 생성했던 바다는 포옹이거나 평화 또는

고요로 활용되기도 한다. 그리고 화자에게 감각되는 반항의 의미는 "하늘로 치솟는 파도는 투명한 빛깔로 조각조각 흩어진다."로 결국 무화되고야 마는 하나의 속성으로 간주된다. 그렇다면 화자에게 파도의 의미는 그것으로 끝을 보는 것일까. 솟았다가 부서져서 "잔잔한 물살로 드러눕"게 되는 허약하고 안주하는 존재로 시 속에 등극을 하는 것일까. 제목 「질주」에서 묘파되는 이미지의 파생적 효과로 보아서는 아마도 아닐 것이다. 더 깊이 시를 읽어보기로 한다. 현재 화자의 눈에 보이는 파도는 결국 "자석처럼 당기는 바다의 포옹으로 몸을 다시 낮추고"야 마는 무화의 존재로 보인다. 그러나 그 다음 행에서 보여주는 반란의 의미는 세칭 세상에서 보여주는 반란과는 사뭇 다른 또 다른 전복을 꿈꾼다. 화자는 부서지는 파도를 능청스럽게 "고요를 묶어들이고 평화 속으로 안주하네."로 묘사하기도 하고 "잔잔한 물살로 드러눕기 마련이지."로 그렇고 그런 결론에 이르는 듯도 하다. 그러나 화자의 진짜 속내는 마지막 행에서 더 큰 반란을 도모한다. 그것은 "묵언정진"이라는 현재의 시간을 보여주면서 "움켜쥔"의 어사를 사용하여 "기다림이야말로 다행 중 다행"이라는 발화하지 않고도 속내를 표출시키는 묘수로 언어를 풀어놓는다. 화자가 끝끝내 발화하지 않고도 암시하는 "기다림"은 결국 제목에서 시사하는 질주의 필수 요건임을 화자는 시의 끝 행에서 담담하게 표출시킨다.

> 조롱조롱 얼굴 내미는 꽃 무게에 허리가 휘어진다.
> 휘어지는 조팝나무 사이로 소리 없이 기차가 지나간다.
> 길섶에 삐죽 고개를 내민 물오리나무 툭 치고 간다.
> 브레이크 없는 바닷길 따라 미끄러지며 지나간다.
> 열어둔 하늘 구름각시 내려오더니 소나기가 지나간다.
> 푸른 숨을 내뿜어대는 사월의 청춘이 지나간다.
> 앞자리 노부부가 이야기꽃을 피운다.
> 뒷머리가 희끗희끗해진 세월을 이야기한다.
>
> 깃발을 든 역무원이 손을 흔들며 멀어진다.
>
> ―「지나간다」 전문

자연의 입장에서 시간은 지나가는 것도 머무는 것도 아니다. 다만 그것들, 즉 어떤 현상의 앞을 인간들이 지나가는 것이다. 그런 현상을 우리는 시간이 지나간다, 라고 묘사를 한다. 위의 시에서 화자는 무위한 것들 앞을 무위한 것들이 지나가는 것으로 시간을 장면화 시킨다. 그런 것들을 담담하게 진술하는 것으로 화자는 시간의 개념을 시화하고 있는 것이다. 예를 들면 기차는 다만 "휘어지는 조팝나무 사이로 소리 없이" 지나가는 것이고, 소나기는 "열어둔 하늘 구름각시 내려오"듯이 지나간다고 발화한다. 그런 상황 중에 노부부는 "이야기꽃을 피"우기도 하면서 "뒷머리가 희끗희끗해진 세월을" 이야기하기도 한다. 두 연으로 이루어진 위의 시는 두 번째 연에서 느닷없이 "멀어진다"로 시의 끝을 맺는다. 그것은 어쩌면 시간의 단위 마다 행해지는 역무원의 깃발처럼 시간이란 "깃발을 든" 어떤 절대적인 운명의 길항 속에서 필연적으로 이루어지는 자연의 순환이라는 것을 역설한다.

멍

매끄러운 바위 위에 도란도란 살던 고향집 떠나왔다.

짭조롬한 약술도 마시고 흐느적거리며 긴장도 풀었겠지.
자유로운 영혼 혼절시키고 온몸이 시커먼 채 돌아온 톳,
온몸이 멍이 들자 괭이갈매기 다가와 입술을 비빈다.
한가한 상념에 발붙이지 못한 생이 밥상 위에 올랐다.
시꺼멓게 멍든 마음이 시커멓게 타들어간 톳을 먹는다.

—「톳」 전문

위의 시에서 발화하는 '톳'은 음성발화 현상에서도 안으로 안아 들여지는 기미는 보이지 않는다. 밖으로 표출되는 상처의 모습처럼 '톳'의 발음은 세상을 향해 내지름으로 발화되는 형상을 보여준다. 그런데 시의 곳곳에서 출몰하는 "멍"은 사실 표출되지 못한 상처의 울음 같은 것이다. 아예 피가 밖으로 방출이 되었다면 애초에 살 속에 멍은 들지 않았을 것이다. 멍의 사전적 의미는 피부 속에서 퍼렇게 맺힌 피를 의미한다. 그것은 이미 살 속에서는 죽은 것으로 몸의 회로를 돌리는 기능을 상실한 피다. 그렇다면 화자는 왜 '톳'과 '피'를 한 쌍의 몸처럼 쪽매맞춤을 한 것일까. 화자는 마지막 행에서 "시꺼멓게 멍든 마음이 시커멓게 타들어간 톳을 먹는다."로 '톳'과 '나 화자'의 심상을 나란히 겹쳐서 보여준다.

그렇다면 '톳', 즉 '나 화자'는 어떻게 연결 지어져 있는지 자세히 시를 뜯어 읽어보자. 시의 첫 행에서 "고향집을 떠나왔다."의 발화는 톳이 "매끄러운 바위 위에 도란도란 살던" 것처럼 화자 역시 그런 곳에서 고향집을 떠나왔다는 알레고리로 읽어도 무방하다. 그것은 화자나 톳이나 모두 고향집에 살 때는 "짭조롬한 약술도 마시고 흐느적거리며 긴장도 풀었겠지"만, 지금은 사정이 다르다는 전초전으로 읽혀진다. 이쯤 되면 화자의 심상이 궁금해지는 것은 당연한 일, 화자는 톳의 형상을 빌어 와서 자연스럽게 자신의 속내를 털어놓는다. "자유로운 영혼 혼절시키고 온몸이 시커먼 채 돌아온" 것으로 미루어 보아 자유로웠던 영혼은 밥상이라는 생활의 규범 안에서 지금은 자유롭지 못하다는 상념이 배면에 짙게 깔린다. 화자의 생각은 안주하면서 살 수 없는 자조적인 발화로 행을 바꿔 이야기를 이어나간다. 그것은 "한가한 상념에 발붙이지 못한" 예술가의 영혼이고, 또한 "흐느적거리며 긴장도 풀"고 싶은 열망이겠지만, 현실은 전혀 그런 것들을 허락하지 않는다. 하여 화자는 곧 시인은 "시꺼멓게 멍든 마음이 시커멓게 타들어간 톳을 먹"어 치우는 것으로 하나의 현상을 깨끗이 지워버린다. 그러나 그것으로 화자의 생각이 판단을 정지한 것은 아닌 듯싶다. 시 속에 계속해서 출몰하는 "멍"의 효력은 오랜 기다림의 뒤에 나타나는 하나의 반전이거나, 또 다른 기회를 노리는 중도의 묘수 정도로 읽어도 좋다.

> 해변의 골목마다 햇빛이 찍은 발자국을 썰물이 훔쳐간다.
> 경계가 무너진 바다는 무거운 파도에 푸른 멍이 들어가고,
>
> —「파도와 그림자」 부분

> 탈출 시도하며 귀퉁이 부수려는 몸부림이 멍든지 오래다.
> 포기한 물결은 댄스 삼매경에 빠져 땀으로 범벅이다.
> 햇살 바구니로 쏟아지며 무대가 있는 산수화가 다가온다.
>
> —「자은도의 소금산」 부분

> 바위 등짝마다 햇빛 발자국마다 썰물이 흔적을 훔쳐간다.
> 무너진 모래길 골목은 무거운 파도에 잿빛 멍이 들어간다.
>
> —「파도에 끌려오는 일몰」 전문

박달하의 시편들 속에 출몰하는 "멍"의 정체는 주로 바다와 함께 표상되곤 한다. 그것도 바다와 한 몸이었을 때는 멀쩡하던 것이 그곳을 떠나오거나 박탈당한 장소에서 "멍"은 가차 없이 상처로 출몰 한다. 그렇다면 화자에게 "멍"이 없었던 원초적인 공간에서는 무슨 일이 있었던 것일까. 그것은 아마도 영혼이 숨의 쉬는 "자유"로 묘사 된다. 위의 세 편의 시들마다 보여주는 "멍"들 역시 모두 바다가 간섭하거나 관계를 보여주는데, 그것은 미처 썰물을 따라 제자리로 돌아가지 못한 흔적이나 상처의 모습으로 드러난다. 그렇게 돌아가야 할 길을 제대로 돌아가지 못한 뒷모습의 표상들은 모두 "푸른 멍이 들어가고," 이거나 "잿빛 멍이 들어간다." 이거나 "몸부림이 멍든지 오래다."처럼 모두 상흔으로 묘파가 된다. 바다에서 안주해야 하는 어떤 심상이 바다를 떠나 육지에 도착했을 때의 불안. 그것을 화자는 "멍"으로 치환 발화하면서 결국 그것들의 상처가 시로 육화되는 과정을 화자는 "멍"으로 치환하여 발화한다.

\# 윤회

천년고찰 내소사 대웅보전 꽃살문이 아침을 연다.
해바라기, 연꽃, 국화가 술렁이며 햇빛을 토해낸다.
천년 빗물을 들이마시던 나무에도 천년꽃이 핀다.
우르르 돌담 돌아가던 꽃비가 둥글게 모여 앉는다.
보살님의 간절한 기도가 화사한 연등으로 피었다.
시련은 천년을 피고지다가 부처님 발끝에서 꽃이 된다.
여백이 없는 퇴색한 단청에도 봄은 바구니로 쏟아진다.

—「내소사의 봄」 전문

위의 시에서 발화된 모든 동사는 현재 진행의 능동태로 행동을 한다. 그러니까 천 년 전부터 이곳에 있었던 내소사의 풍경에 대하여 화자는 앞으로 도래 할 천 년 후에도 그러할 것이라는 생각을 하는 듯하다. 특이하게도 위의 시에서는 카메라의 눈처럼 장면의 묘사만을 나열할 뿐, 더 이상의 발화나 심상의 토로는 없다. 모습이 드러나지 않은 어떤 것들이 지금 이 시간의 내소사 풍경을 보여주는 듯, 시간이 자나가도 변함이 없을 것들을 화자는 장면의 나열 방식으로 드러내 보여준다. 그것들은 언제나 그러해서 해바라기, 연꽃, 국화, 꽃비, 연등, 부처님, 단청, 즉, 천 년 전에도 그랬던 것처럼 지금도 역시 왔다가는 돌아간다는 것이다. 또한 "보살님의 간절한 기도가 화사한 연등으로 피었"다는 발화는 이생의 전에 기도한 것들이 지금 피었다는 것인지, 아니면 죽음 이후인 내생이 도래하여 피었다는 것인지, 시간의 단위로는 도무지 감을 잡을 수 없다. 다만 화자는 내소사에 들러서 그곳의 정情과 경景을 색色과 성聲을 문자로 불러 모아 꽃을 피우고 있을 뿐이다. 그리하여 화자가 발견한 내용은 다만 시간을 층위별로 살다간 인생들 앞에 부처님은 "시련은 천 년을 피고지다가" 결국은 "발끝에서 꽃이 된다."라는 선언적 발언을 한다. 위의 시는 내소사의 봄에 관하여 아름다움을 묘사한 것도 같지만, 그러나 그것만으로는 시를 모두 읽었다고 할 수 없다. 화자의 시선이 전지적인 시점에서 풍경을 펼쳐놓은 것은 시인이 내제하고 있는 시간에 대한 사유이자, 곧 불심이 바탕이 된 윤회의 시간관념으로 읽어도 마땅하다.

이상으로 박달하 시인의 시를 읽었다. 시인은 시 속에서 시간의 향유자이자 주인 되기를 갈망한다. 그것은 분명 삶의 주체이자 살아있는 영혼의 주인 되기를 갈망하는 시인의 속성이기도 했다. 또한 무위한 것들을 사랑하는 시인의 필체 속에는 인간의 상처 또한 짙은 문신처럼 강하게 승화되어 있다. 그리고 그 속에서 어쩌지 못하는 인간의 굴레처럼 멍에 대한 사색 또한 아름답다. 인간은 어디서 와서 어디로 가는 것일까. 존재하지 않는 곳에서도 생각하는 시간에 대한 치열한 사색은 이번 박달하 시인의 시집 속에서는 간과할 수 없는 분명한 질문이기도 하다. 하여 박달하 시인의 시 속에는 문득, 어디까지 살았더라, 하는 질문이 짙고 푸른 멍처럼 내재되어 있다. 마지막으로 젖은 날개를 터는 나비의 형상을 아름답게 시화한 시인의 시를 읽는 것으로 박달하 시인의 첫 번째 시집 상재를 축하한다.

하늘이 육중한 문을 열자 빗줄기가 비명을 지른다.
묵힌 날들을 거침없이 쏟아내는 발걸음이 바쁘다.
열광하는 초록 군상들이 피를 흘리며 주저앉는다.

온종일 빗속을 배회하던 나비가 젖은 날개를 턴다.

안경을 벗어도 좋다는 시그널이 종소리가 된다.

—「비오는 날」 전문